PROCÈS

DU

PATRIOTE DE L'ALLIER.

PROCÈS

DU

PATRIOTE DE L'ALLIER.

AUDIENCE

DE LA COUR D'ASSISES

DU 29 OCTOBRE 1833.

MOULINS,

IMPRIMERIE DE P.-A. DESROSIERS.

—

1833.

PRÉFACE.

LE procès du *Patriote de l'Allier*, imprudente levée de boucliers du ministère accusateur, a été un important événement pour le département, car il a donné lieu à la prédication publique des doctrines républicaines. La population a pu apprécier la franchise, la bonne foi et la modération du parti démocratique; la population a pu apprécier également les calomnies à l'aide desquelles on essaye chaque jour de nous travestir en hommes de terreur et de sang, d'anarchie et de pillage. On a vu si nous savions respecter les droits d'autrui en défendant les nôtres; on a vu si nos principes ne sont pas ceux de l'ordre et des lois, en même temps que de la liberté et de l'égalité.

La publication de ce procès était un devoir. Tous les habitans de Moulins n'ont pas pu assister à ses débats. La presse doit les faire participer à l'instruction qu'il a pu répandre. Nous avons essayé de tracer un tableau fidèle de l'audience. Nous aurions voulu y joindre un résumé exact du réquisitoire du ministère public, aussi étendu que le compte rendu des défenses. Notre habitude est de chercher la propagation de la vérité dans la contradiction et dans l'expression des doctrines diverses. Nous provoquons l'ennemi à parler, bien loin de vouloir étouffer sa voix. Nous pensons d'ailleurs que rien ne sert la vérité comme la publication, à côté de sa

simple exposition , de l'erreur qu'elle réfute.
Nous aurions voulu pouvoir faire connaître
le culte du parquet pour *l'admirable* famille de nos rois, à côté de la sévère et
sobre parole des républicains. Nous nous
sommes pour cela adressé à M. le substitut Romeuf, en le priant de nous donner son discours, réduit seulement à 24 pages
de notre petit texte, c'est-à-dire aux
mêmes dimensions à lui seul que les plai-
doyers d'Achille Roche et de Trélat en-
semble. M. Romeuf a cru devoir s'y refuser. Il nous a privé du plaisir de repro-
duire une partie de son discours en
nous faisant choisir entre l'impression du
tout ou son complet retranchement. Or,
le réquisitoire du ministère public, en tota-
lité, aurait de beaucoup dépassé les limites
que nous devions fixer à notre publication
populaire. Certain d'avoir agi avec loyauté,
nous avons dû renoncer à pousser plus
loin nos procédés. Nous n'en regrettons
pas moins une omission qui devait com-
pléter le récit que nous donnons au public.
Si nous n'avions pas vu M. le substitut

armé d'un réquisitoire écrit , et si nous
avions douté d'en recevoir communication,
nous y aurions suppléé à l'aide de la sté-
nographie. Mais le public n'aura au moins
rien à reprocher à notre bon vouloir. Si la
défense seule est offerte aux lecteurs ce
n'est pas notre faute ; il faut l'imputer à
l'accusation elle-même qui n'a pas cru devoir nous aider à étendre la publicité de ses
argumens.

COUR D'ASSISES

DE L'ALLIER,

Présidence de M. Pagès, conseiller à la Cour royale de Riom.

AUDIENCE DU 29 OCTOBRE.

Procès de **M. ACHILLE ROCHE**, rédacteur du **PATRIOTE DE L'ALLIER**, prévenu d'attaque contre l'inviolabilité royale.

A neuf heures et demie M. le président procède à la formation du jury. Le ministère public et l'accusé ont exercé chacun neuf récusations. Parmi les personnes récusées par le ministère public, on compte un député , un membre du conseil d'arrondissement et un membre du conseil municipal.

L'auditoire est ensuite ouvert au public et bientôt une foule nombreuse se presse dans la vaste salle du tribunal. Beaucoup de dames prennent place dans les galeries.

La cour se compose de MM. *Pagès*, conseiller , président ; *Frappier St-Martin*, vice-président du tribunal de Moulins et *Donjan*, juge au tribunal de Moulins , assesseurs. Le siége du ministère public est occupé par M. *Romeuf*, substitut de M. le procureur du roi.

MM. les jurés prêtent serment. Ce sont MM. *Gacon*, *Berthelet*, *Drecq*, *Jacob*, *Fontenier-Lafon*, *Desbouis*, *Rambourg*, *Bulliet*, *Chauchard*, *Bonneton*, *Chevalier*, *Barillot*.

M. Achille Roche, prévenu est assisté de son ami M. *Trélat*, rédacteur en chef du *Patriote du Puy-de-Dôme*

Le greffier donne lecture de l'arrêt de renvoi , dans lequel se trouvent les passages incriminés. Nous citerons les principaux :

Le voyage du roi confirme, par ses divers incidens, plusieurs vérités que nous avions théoriquement établies, et qui gagnent beaucoup d'être vues dans la pratique. Ainsi, nul ne peut douter, en li-

sant les relations de police et les solennités offi-
cielles , que la majesté du trône ne soit éteinte à
jamais. Parmi les personnes les plus prévenues contre la république, il n'en est pas une, indépendante
par position , qui ne prenne des nausées à la lecture des platitudes que les fonctionnaires bourdon-
nent aux oreilles de S. M. Les louanges amphigouri-
ques, les protestations d'amour, toute la rhétorique
banale tant prodiguée sous tous les régimes, ne sont
plus aujourd'hui qu'une servilité déshonorante pour
la bouche qui les prononce , et qu'un ridicule pour
le personnage qui les reçoit comme choses dues. Et
Dieu sait si, dans le voyage de Cherbourg , on s'est
épargné les Flatteries! Nous croyons en vérité qu'on
a dépassé la dose de ce qu'on faisait en ce
genre pour Napoléon et Charles X. Un fonctionnaire n'a-t-il pas été jusqu'à attribue au
roi la beauté de nos récoltes ? Mais toutes ces mi-
sères ont leur utilité. Elles ne sont pas, aux yeux
des courtisans, de vains protocoles. On veut suivre les traditions des anciennes cours, restaurer leurs
adorations, rendre à la dynastie l'éclat des autres
augustes familles. Et c'est pour y parvenir qu'on
fait grand bruit des discours d'apparat débités au
très-haut voyageur. Et c'est justement en cela qu'on
se trompe ! Les efforts tentés pour raviver une majesté impossible sont inutiles ; ils ne produisent que

le sourire! Les courtisans entendraient mieux leur métier en soustrayant aux regards du peuple la personne de leur maître. En voyant la foule se presser devant les carricatures de Philippon, en nombrant sur les murs de Paris les millions d'emblêmes anti-royalistes, crayonnés par des mains prolétaires, ils devraient apprendre que l'adoration du chef de la dynastie n'est plus de mise. En pareille matière, la parodie est près des choses sérieuses, et si la majesté n'éblouit pas, si elle se laisse regarder en face, si elle se montre ce qu'elle vaut, elle tombe bientôt dans le décri.

Mais, ce qui est plus sérieux que la mâgesté sacrée du trône citoyen, le voyage de Cherbourg achève de faire justice d'un prétendu dogme constitutionnel.

Oserait-on dire encore que la sentence anglaise *le roi ne peut mal faire* soit autre chose que la plus insignifiante fiction? Certes cet adage, tant soit peu niais, avait été adopté seulement à charge par le monarque d'un absolu repos et d'une auguste fainéantise. C'était ce qu'expliquait fort bien cet autre adage : le roi règne, et ne gouverne pas. Or, l'on peut voir par les récits du voyage de Cherbourg que Louis-Philippe est un roi des plus actifs. Il n'est plus une question politique qu'il n'aborde et

sur laquelle il ne donne doctoralement son opinion.
Charles X dans ses courses demandait des hommages et déclarait les recevoir avec plaisir. Louis-Philippe se promène en robe et en bonnet carré, prê-
chant, dogmatisant, admonestant, le tout en discours fort longs, en style sec et diffus, avec des formes dignes de ses idées, véritables types de toutes
les qualités du juste-milieu. Un roi si discourant ne
peut pas revendiquer la fiction d'inviolabilité inven-
tée pour les rois solivaux, trônant en manteau de
velours dans un majestueux sommeil. Et nous n'en
fesons pas un reproche à Louis-Philippe! On conçoit
qu'il n'ait pas voulu se résigner au ridicule emploi
de la royauté constitutionnelle. On conçoit qu'ayant
intérêt à se conserver une couronne, il ait voulu
prendre voix prépondérante au conseil où cette
couronne était défendue. Mais qu'on ne lui refuse pas
la responsabilité de ses actes! Si le vaisseau de l'état
est mené à bon port, à lui seul la gloire, mais par
une conséquence forcée, si nous chavirons sur des
écueils, à lui seul la responsabilité, à lui la honte
et la peine! C'est là, constitutionnellement même,
la vérité. Le roi est inviolable parce que les ministres
gouvernent sous son nom. Avec un roi actif, travail-
leur, jaloux de son pouvoir, ayant seul le secret du
conseil et n'employant les ministres que comme va-
lets ou commis, la fiction disparaît devant la réalité.
Il peut en advenir gloire et succès pour la dynastie,
mais c'est à ses risques et périls. Or le premier risque auquel se soit exposée la majesté citoyenne, c'est
celui de voir discuter ses oraisons par les journaux,
risque qui n'a pas tardé à l'atteindre.

Chose étrange! pour cette discussion M. Persil
à fait saisir la *Tribune*, comme si tout acte public
n'était pas du ressort de la publicité! Fallait-il
donc que la *Tribune* attribuât au ministère, ab-
sent, les improvisations de S. M. ? On ne conçoit

2

vraiment pas à quoi eût servi cet imprudent men‑
songe. Voulez-vous conserver intacte votre fiction
constitutionnelle ? Prenez-la vous-mêmes, les
premiers, au sérieux. C'est à vous de donner
l'exemple. Et si vous ne le pouvez pas, à plus
forte raison votre fiction nous est-elle impossible
à accepter !

Il faut le dire cependant, si la monarchie pouvait
se faire du tort après l'état de siége, le renvoi de
la duchesse de Berry, les pensions des chouans,
la liste civile, etc., Louis-Philippe lui nuirait par
sa prolixe éloquence.

C'est un triste spectacle que de voir un roi se
constituer chef de parti. Nous ne croyons pas que
Louis XVIII ou Charles X aient jamais lancé de
royales insultes contre les libéraux. Ils trouvaient
au contraire de bon goût, en les rencontrant, de
leur prodiguer leur affectueuse politesse. Ils savaient
renfermer leurs haines dans leur cœur. Il n'en est
pas ainsi de Louis-Philippe.

Tourmenté par le démon de la controverse, il
peut ne pas laisser passer une seule occasion de
répandre son fiel contre les révolutionnaires qui
lui ont dressé un trône et qu'il flattait avec tant
d'affectation il y a trois ans ! Toute occasion lui est
bonne pour réveiller les haines, semer les discor‑
des, rôle bien digne d'un monarque et bien décent
pour un personnage qui prétend à la gloire d'avoir
étouffé l'anarchie ! Parle-t-il à des juges ? Il leur
recommande de l'aider à combattre les factieux.
A des commerçans ? Il leur déclare qu'il a rendu
au commerce sa prospérité en écrasant les fac‑
tieux. A des professeurs ? Il faut qu'ils élèvent la
jeunesse de manière à la mettre en garde contre
les théories révolutionnaires. Enfin c'est un éter‑
nel plaidoyer de parti venant de celui qui, si la

monarchie était encore possible, devrait se placer
au-dessus de tous les partis pour voir dans tous les
Français une seule famille. Nous remercions,
quant à nous, l'auguste personnage de cette éternelle préoccupation, car elle sert parfaitement notre cause. Est-ce nous qui pourrions sans son secours mettre à nu à la foi la royauté, la dynastie
et la personne du prince? Pourrions-nous démontrer que la royauté se fait chef de l'action, que la
dynastie est égoïste et rancunière, que le prince
s'acharne sans générosité sur des vaincus que déjà
sa police torture et traîne au tombeau? Ce sont là
choses qui n'ont d'autre démonstration que dans
les paroles sorties de la bouche même du chef de
l'état. Aussi invitons-nous les indifférens à suivre
le récit du voyage, dans les feuilles les plus ministérielles, si faire se peut. C'est le meilleur moyen
de faire des républicains. Le défaut d'espace ne
nous permet de citer qu'un échantillon de l'éloquence royale. Nous ne prenons pas le morceau
dans lequel l'ex-général Égalité parle contre les
utopies et les rêveurs. Nous aimons mieux choisir
une réponse digne quoique un peu vive adressée à
un fonctionnaire qui avait osé parler de la nécessité
pour les rois d'entendre la vérité :

«Oui, sans doute, il faut que la vérité arrive
aux rois; mais il faut qu'elle arrive aux nations.
Aujourd'hui, les nations ont leurs flatteurs, comme jadis les rois avaient les leurs; et ces flatteurs
savent aussi bien tronquer la vérité par la flatterie,
que la comprimer par l'insulte et l'obscurcir par la
calomnie. C'est au temps et à la raison publique à
en faire justice, et ce n'est qu'en repoussant l'op-
tique de la passion et de la partialité que l'esprit du
peuple parvient à juger sainement les choses, et à
démêler ses véritables intérêts. C'est ainsi qu'on
peut apprécier les avantages réels dont on jouit,

et qu'on ne s'expose pas à les compromettre et à les perdre.

Après cette lecture et l'interrogatoire du prévenu, la parole est donnée à l'organe du ministère public.

M. Romœuf, substitut du procureur du roi, dans un discours écrit très-étendu s'attache à démontrer que le roi n'est pas réduit par la charte au rôle passif qu'on voudrait lui donner en vertu de la sentence constitutionnelle *le roi règne et ne gouverne pas*. Son inviolabilité ne vient pas de son inaction : elle ressort du besoin d'ordre et de stabilité qu'elle peut seule garantir. Que le roi se mêle de gouvernement, il n'y a à cela nul doute, mais c'est un bonheur pour la France, car le roi est un homme de tête et de cœur. La France admire ses talens et son éloquence, la France sait qu'il ne s'occupe que de son bonheur. Si, au mois de juillet 1830, la famille d'Orléans n'eût pas existé, ou si elle n'eût pas, avec un admirable dévouement, quitté, pour les inquiétudes du trône, la plus belle position qui soit au monde, on ne peut pas savoir quels maux nous auraient accablés. L'orateur donne une nouvelle lecture de l'article incriminé, dans lequel il trouve les deux délits mentionnés dans l'arrêt de renvoi. Le troisième délit, délit d'attaque contre la dignité royale, a été écarté par la cour royale de Riom. Il termine, après avoir rapporté une foule de paroles de Louis-Philippe, qui lui paraissent faire ressortir les grandes qualités de cet *auguste* personnage, par un pompeux éloge du roi et de la dynastie sous les lois desquels nous avons le bonheur de vivre.

M. ACHILLE ROCHE, demande la parole pour répondre, et s'exprime en ces termes :

MM. les jurés,

Le plus passionné des accusateurs royaux disait un jour, avec une bizarre ferveur : « Je verrais de mes propres yeux le prince commettre un

mal connaître l'esprit du siècle ! Les français de-
venus majeurs prétendent porter leurs investiga-
crime que je le nierais encore. » Ce mot, naïf dans
sa nudité, résume toute la doctrine en vertu de
laquelle on me poursuit. C'est la prééminence de
la fiction sur la réalité, des traditions sur le droit,
de la jurisprudence sur la morale. A l'instar de son
supérieur hiérarchique le parquet de Moulins,
abusant d'un texte mal compris, s'égare jusqu'à
vouloir faire déclarer Louis-Philippe, non-seulement inviolable dans l'ordre constitutionnel, mais
encore impeccable comme homme. Cette prétention
d'un autre âge comprend tout le procès ; c'est à
vous qu'il appartient de la repousser par votre
verdict.

En cherchant ce qu'on incrimine dans mon article je trouve d'abord une proposition non moins
évidente que morale. On me reproche d'avoir sou-
tenu qu'en dépit des conventions contraires nul
ne peut agir sans répondre de ses actes. Cette incontestable vérité est, à ce qu'on assure, réprimée
par un article de la loi pénale. Heureusement vous
êtes juges de son application, vous, hommes indépendans qui sans doute avez peine à conce-
voir comment un tel principe peut servir de base
à une controverse sérieuse. Un jour viendra même
où, pour s'en rendre raison, il faudra se dire qu'une
vérité n'a jamais acquis droit de bourgeoisie chez
nous sans passer par le banc des accusés ! mais
puisque nous sommes réduits à la tâche répugnan-
te de discuter l'évidence je demanderai à M. l'a-
vocat du roi si nous avons combattu et renversé
la légitimité pour élever un homme au dessus je
ne dis pas des lois sociales, mais des lois mêmes de
la nature ? Le temps d'un pareil fanatisme est
passé, et il faut pour en rêver la résurrection bien

tions sur toutes choses, sans connaître d'autres
bornes que la raison et le respect des droits d'autrui. Il n'y a plus pour eux de culte idolâtre et
de personnes sacrées.

Nos lois sont obligatoires comme émanant de
l'intérêt commun; nos fonctionnaires sont obéis
comme de simples délégués de la force nationale,
dont les attributions loin de relever de leur valeur
personnelle sont réglées seulement en vue du
bien général. C'est ainsi que nous envisageons l'institution des pouvoirs. Les Bourbons sont tombés
pour l'avoir comprise autrement. L'hérédité du
trône constituait, à leurs yeux, un droit particulier
en dehors de la volonté populaire, droit divin qui
les élevait au-dessus des autres hommes et leur
donnait pour seul juge l'être suprême dont ils se
prétendaient les élus, les instrumens, les vengeurs.
Ainsi considérée la monarchie, liée intimement à
l'aristocratie de race, tenait son inviolabilité de sa
propre origine; la nier était une erreur blasphé-
matoire; l'attaquer était non-seulement un crime
mais encore un sacrilège; car avant d'être le chef
de l'état le roi était l'oint du seigneur. Système
absurde, mais au moins logique et conséquent.

Nous l'avons réfuté en chassant la dynastie, et
c'était, je pense, une assez bonne réfutation. Aujourd'hui l'inviolabilité préconisée par MM. les gens
du roi n'a pas même l'honneur de résulter d'un
système bien lié dans ses parties. Juillet nous a
replacés dans l'ordre rationel, et nul ne peut
nous en faire sortir. Certes, l'origine humaine du trône nouveau est perceptible à tous
les yeux : nous l'avons vu surgir des barricades et,
il faut le dire hélas à notre honte! la candeur
d'honnêtes gens que nous avons montrée a con-
tribué à lui donner naissance. Certes Louis-Phi-

lippe ne peut être, aux yeux mêmes de ses adhérens, entouré d'aucun prestige. Il a renoncé pour une couronne insurrectionnelle à l'écu gothique de sa race, et je ne sache pas que de récentes gloires aient entouré son front de cette populaire auréole dont Napoléon a tant abusé! Il n'existe donc rien dans l'ordre de choses actuel qui échappe à notre examen.

Vous prétendez être nés du vœu du peuple? peuple je réclame la faculté de dire mon mot sur votre compte et de refuser ma signature à votre acte de baptême. Vous prétendez exister pour l'intérêt de l'état? Membre de l'état je réclame la faculté de m'enquérir si vous remplissez les charges attachées à votre prétendu mandat. C'est là votre condition d'existence, la loi de votre institution. Et vous la répudiriez en vain! Elle est dans le vœu de vos partisans aussi bien que dans notre bouche; elle est dans la loi aussi bien que dans la nature des choses et dans la raison. Cessez donc d'invoquer sans cesse la légalité. Cette légalité, même dans son sens le plus restreint, est contre vous.

En effet, quand les 221 ont proclamé la souveraineté du peuple en présence des combattans de juillet encore debout, ils ont posé la seule base sur laquelle on puisse désormais asseoir notre état social. Leur prince n'a été promu qu'après avoir juré respect à ce grand principe. C'est à l'aide de ces souvenirs qu'il faut étudier nos lois. Or, cela admis, comment peut-on entendre l'inviolabilité constitutionnelle? non pas sans doute comme un droit inhérent au candidat auquel le 9 août on marchandait la couronne, mais comme une nécessité du mode d'action gouvernementale. Si l'inviolabilité royale a été établie, c'est qu'on voulait la création d'un pouvoir neutre et non agissant. On voulait,

selon le langage d'alors, *un roi qui régnât sans gouverner.*

Idées disparates que ni vous ni moi ne saurions comprendre. Et cependant, cette abstruse métaphysique était l'utopie des gens qui depuis ont tant crié contre les utopistes; ils prétendaient élire un monarque immobile, être de raison destiné à former l'autorité exécutive d'après le vœu public, et n'ayant ni volonté ni force hors de cet engendrement ministériel. C'est justement ce que Napoléon nommait, avec une crudité d'expression toute militaire , mettre *un porc à l'engrais de quelques millions.* Mais une telle utopie désirable ou non n'était pas dans la nature humaine! Placé à l'abri de tout contrôle comment un fonctionnaire ne serait-il pas en proie aux passions égoïstes ? comment ne céderait-il pas à la tentation de substituer ses intérêts de famille à l'intérêt populaire ? comment surtout , pour conserver une position aussi insolite que brillante, n'essayerait-il pas d'entraver l'esprit humain dans la carrière de progrès qu'il poursuit depuis 40 siècles, au travers des phases de civilisation les plus diverses ? Quoiqu'il en soit, on a voté un roi procréateur de ministres , sans action personnelle et sans pouvoir de fait. C'étaient là les conditions avouées de son inviolabilité. Rappelez-vous, pour vous en convaincre, les discours de tribune et les journaux philippistes de 1830. Concluons en que l'inviolabilité cesse dès qu'il plait au roi d'agir. L'envahissement de l'autorité effective constitue , de sa part , la rupture complète du pacte social d'où ressortent tous ses droits ; d'ailleurs, la thèse contraire est absurde et immorale ; absurde , car elle élève sans réserve une fiction au rang des faits, au lieu de comprendre que la réalité sait toujours à la première circonstance grave reprendre dans l'esprit des peuples le dessus sur les fictions les mieux ga-

ranties ; immorale, car elle place un individu au-
dessus de la nation , elle établit des droits sans
devoirs corélatifs , elle suppose enfin entre le roi
agissant et ses éditeurs responsables un pacte qui,
des deux parts quoique à des titres différens ne
peut être qu'une flétrissante lâcheté. Dupont de
l'Eure, Lafitte, Casimir Périer ont refusé de s'en
rendre complices. La royauté n'a pu, sous leur
ministère, déborder le cabinet que par subterfuge
et à leur insçu.

Peu s'en est fallu même que l'irrascible chef du
gouvernement du 13 mars ne rejetât, dans un
moment de colère, l'invention des assommeurs de
police sur l'imaginative des camarillas à qui elle
appartenait. Comment jugerez-vous donc la
doctrine de l'accusation , si, dans les occasions so-
lennelles, le peuple ne doit jamais consentir à la
sanctionner, et si, dans son application de chaque
jour , elle sert de prétexte à la vente et à l'achat des
consciences , à la destruction de la dignité humaine, au crime enfin dans tout ce qu'il a de honteux? Au reste ne nous en effrayons pas ! en dépit des
sophismes inté sresés le peuple restera toujours en
possession du droit de croire ce qui est vrai et de
donner à chacun selon ses œuvres. La divinisation
antique et le culte féodal n'ont pas soustrait à l'in-
famie et au châtiment Néron ou Charles neuf! Malgré l'inviolabilité de la Charte le roi déchu a été
frappé du surnom de parjure. Il n'est pas non
plus de fiction constitutionnelle qui puisse détour-
ner de qui la mérite la responsabilité des ty-
rannies de l'états de siége, et des hontes encourues
en face de l'étranger ! Le sang des patriotes qui
voulaient nous défendre en entourant la France
d'une ceinture de républiques et jeter à la civilisation une avant garde dans les glaces du nord, ce
sang retombera sur qui l'a versé; Ham et Blaye se-

2*

ront comparés aux cachots des maisons centrales,
aux bagnes, aux tortures des écrivains indépendans
et des vaincus de juin: la main qui a jeté de la
boue sur les cheveux blancs de Lafayette, et pro-
digué l'or de la France aux Vendéens et aux chouans;
la main qui a signé la persécution des hommes de
juillet et la promotion aux commandemens de nos
frontières des déserteurs de Waterloo verra juger sa valeur avec sévérité non moins qu'avec justice. Les faits accomplis nous appartiennent. Vous
pouvez vous en repentir, mais non pas les annuller.
Aussi, nous demanderons à M. l'avocat du roi,
quelle part il prétend laiss er à notre liberté morale,
s'il nous défend de qualifier des faits non douteux?
Vous approuvez tout, je le veux bien ! mais vos
louanges mêmes appellent notre blâme. A chacun
liberté entière.

Vantez, vantez votre prince, nous ne vous contes-
tons pas l'usage de cette faculté ! Promettez lui une
impérissable renommée ! dites qu'il a sauvé la
France et accablé l'Europe du poids de son nom: dites
que lui seul aura la gloire desa noble et sage politique.
Nous disons aussi, nous, à chacun la gloire de ses
actes ! mais laissez-nous ajouter : et à chacun la
honte et la peine ! c'est achever la pensée de tous
ceux qui louent un homme sa ns vouloir descendre
au niveau des plus vils flatteurs ; car vous ne pen-
sez pas, sans doute, soustraire la solution définitive
du problème eux arrêts de l'histoire !

Au reste, MM. les jurés, les principes que j'expose sont les vôtres, car ils appartiennent aux honnêtes gens de tous les partis. J'ignore quelles sont
vos opinions politiques ; et, comme moi, vous devez les oublier sur vos siéges. Mais s'il est parmi
vous des hommes qui aiment la royauté c'est
j'en suis certain parce qu'ils la croient utile au
peuple, et non pas dans l'intérêt de la personne

royale à laquelle nul d'entre vous n'a voué l'adoration que vondrait nous imposer la domesticité
de cour. Vous pouvez désirer la fondation d'un
douvoir monarchique borné, inviolable en tant
qu'inactif, neutre dans nos débats quotidiens; mais
non pas la puissance non contrôlée d'un seul, et la
reconstruction de races à part ne relevant, comme
disaient en 1802 Charles X et Louis-Philippe, que
de Dieu et de leur épée ! Vous ne voudriez pas
conserver la royale inviolabilité dès que le roi
prendrait en main les rênes de l'état, car ce chan-
gement de rôle ne serait pas autre chose qu'une
punissable usurpation !

A plus forte raison, le second point de mon procès est-il gagné d'avance. On m'accuse d'avoir dé-
claré à jamais éteinte la majesté du trône et le
prestige des dynasties. Cette proposition exprime
pourtant un fait qui n'a pas besoin de preuves. Je-
tez les yeux autour de vous si vous en doutez, ou
consultez vos propres instincts. Dans quels rangs de
la société trouvez-vous encore le culte des dynasties ? Quels yeux, si peu éclairés qu'ils soient, peuvent encore se laisser éblouir par les oripeaux mo-
narchiques et le clinquant des cours ? Qui, dans le
trône, voit autre chose que les *quatre bâtons re-
couverts de velours* dont Bonaparte parlait avec tant
de dédain après leur avoir rendu pendant quelques
jours un parricide éclat ? Je vous le répète,
mes concitoyens, je n'ai pas ici d'argumens
à faire valoir. Descendez seulement dans vos
consciences. Si vous aimez les flatteurs, condamnez moi : condamnez moi si vous n'éprouvez pas
le plus vif dégoût des hyperboles courtisanesques ;
si vous comprenez par exemple qu'un homme *dai-
gne honorer une ville de sa présence* ; si vous comprenez qu'un écolier de dix ans soit *l'espoir de la
marine française*; si vous croyez que notre habit de

garde national *s'illustre* en couvrant les épaules de quelques enfans royaux ; si vous croyez comme M. le préfet de l'Eure, que Louis-Philippe soit pour quelque chose *dans la richesse de nos mois- sons* ; si vous ne riez pas enfin de cette épithète *d'auguste personnage*, ramassée par les courtisans de nos jours dans la fange des temps les plus ab- jects de l'histoire : ah ! si vous sympatisez avec tout cela, condamnez moi ! mais pardonnez plu- tôt une supposition qui vous fait injure ! Si elle ré- volte vos cœurs d'hommes du XIXᵉ siècle, elle vous fait du moins reconnaître tout ce qu'a d'ab- surde une accusation hors de nos mœurs.

Reste un dernier point : l'outrage à la personne du prince. Je le reconnais, cette accusation quoi- qu'erronnée comme les deux autres est du moins perceptible. Un outrage si l'on comprenait bien ce mot serait dans tous les temps si-non un délit du moins une inconvenance. Mais le ministère pu- blic a méconnu la loi et a lu légérement l'article in- criminé. La loi ne peut pas interdire ce qui est en soi juste, utile, moral. La loi ne peut pas empêcher l'exposition de la vérité. La loi ne peut pas enlever à chaque chose l'épithète que la langue lui a dé- partie. Si elle punit l'*outrage*, c'est que l'outrage est en dehors du droit. Elle appelle de ce nom une espèce de voie de fait orale, toute gratuite, portée dans le dessein de nuire et non dans le dessein de servir et d'éclairer ; ou bien encore la calomnie envenimée, l'excursion sans motif dans la vie privée pour en extraire du fiel. Ai-je rien fait de semblable ? non, certes. Je n'ai pas été chercher Louis-Philippe dans le sanctuaire de son inviolabilité. Personne n'i- gnore que le roi gouverne contre le vœu de la loi, c'est un fait patent, avéré ; ses amis l'en félicitent ; ses préfets et ses fonctionnaires le lui rappellent dans leurs chœurs d'éloges ; un ministre même

déclare à la tribune que les actes principaux du
gouvernement ont une *auguste* origine. Or, la loi
me confère le droit formel de critiquer les actes du
pouvoir. Est-ce ma faute si en l'exerçant je trouve
la personne royale sous mon chemin? Je tire sur
le portefeuille ministériel: pourquoi Louis-Philippe
s'en trouve-t-il nanti? Je n'ai attaqué en lui ni
l'époux, ni le père, ni l'usufruitier des Tuileries,
ni le détenteur de la liste civile. J'ai attaqué le
gouvernant, l'orateur, le diplomate, le légiste.
Et encore mon attaque n'était elle qu'une réponse
à des provocations que je vous laisse à qualifier. Le
voyageur couronné avait dit:le peuple a des flatteurs.
J'ai répondu en citant les énormités des flatteurs de
princes. Il avait dit: L'anarchie menace le pays. —
J'ai répondu : les continuelles prédications contre
une classe de Français sont le premier élément
d'anarchie que nous ayons à craindre.Il s'était vanté
d'avoir assuré la paix, délivré la Belgique, rétabli
le règne des lois, activé les travaux du commerce
et les embellissemens de Paris. — J'ai reproché
à son funeste système d'avoir sacrifié la Pologne,
violé les lois, détruit l'élan patriotique de 1830, et
dirigé contre la capitale les bastions de quatorze
châteaux-forts. Il s'était vanté d'avoir accepté le
trône par dévouement. — J'ai reproché à la dynastie d'avoir occupé le trône avec égoïsme. Il
avait balbutié quelques phrases sur sa longanimité.
— J'ai évoqué les tombes vivantes de St.-Michel
pour mettre à jour d'insatiables besoins de ven-
geance! — Et, je le répète, il s'agissait du jugement de discours publics, d'actes de gouvernement. Pourquoi Louis-Philippe s'est-il substitué
aux ministres qui devaient en répondre? Si j'avais
été son conseiller ou son ami j'aurais pu lui mon-
trer combien ce rôle était imprudent et dangereux.
Voué de conviction aux doctrines démocratiques

Je me suis réjoui de fautes qui mettaient à nu la vérité, et hâtaient le travail des temps. Jamais, non jamais polémique n'est mieux restée dans le sage exercice des libertés garanties par la loi : car il n'y a rien de plus légitime que la citation de faits vrais, accompagnés de la simple énonciation de leur valeur morale.

Une chose me frappe, mes concitoyens! c'est que le ministère public a bien mal choisi son tems pour éveiller de semblables discussions! Quand les hommes les plus élevés de l'opinion monarchique s'écrient avec tristesse : *les rois s'en vont!* Quand les plus zélés partisans de la dynastie nouvelle n'osent l'offrir à nos hommages que comme une nécessité transitoire, c'est un singulier thême pour des débats publics que l'irresponsabilité royale et la personne du prince !

Ne semble-t-il pas que le parquet soit saisi de cet esprit de vertige qui pousse vers l'abyme les défenseurs des causes perdues? N'est-il pas évident qu'en appelant l'attention des peuples sur ces vieilles questions de la royauté, on achève de miner une institution déjà chancelante? Sacerdoce imprudent qui met à nu l'idole devant des sceptiques assez éclairés pour calculer son impuissance et les ruses qui l'ont déifiée! Et pourquoi cette vaine défense de votre royauté? Croyez-vous que c'est à elle que s'adressent nos coups? Croyez-vous que nous la regardions comme le dernier mot des problêmes à résoudre? ce serait vous tromper grossièrement. Nous n'avons plus de haine pour les derniers vestiges féodaux, car nous n'avons pas l'habitude de nous acharner sur des cadavres. Nous laisserions volontiers croûler leurs débris vermoulus et nous attendrions avec patience le dernier effort du temps qui les balaye, si, par un imprudent galvanisme, ils ne cherchaient pas à se ranimer pour

venir obstruer notre route. Si nous les poussons
du pied pour nous faire place c'est que la patience
manque en voyant que, pour tenter l'impossible
réédification du passé on nous fait perdre depuis
40 années, en de stériles combats, des instans qui
pourraient être employés à servir le peuple ! Plusieurs générations se sont déjà éteintes en luttant
pour défendre la révolution consommée dans la
nuit du 4 août 89. Nous sentons trop vivement le
besoin de faire un pas nouveau ; nous gémissons
trop d'avoir encore à débattre l'égalité des droits ,
la liberté des cultes et de la presse , les garanties
individuelles et quelques autres vérités philosophi-
quement reconnues depuis deux siècles et conquises
à la bouche du canon par le sang de nos pères, pour
ne pas être fatigués de continuer ces discussions
triviales et superflues. A nous d'autres soins ,
d'autres pensées ! A nous l'amélioration effective
du sort des classes pauvres, la cicatrisation des
honteuses plaies de la cupidité et de la prostitution!
A nous une nouvelle expansion de l'égalité ,
un pas de plus dans la voie du progrès, une ten-
tative heureuse d'association des intérêts ; à nous
enfin le développement des institutions, des arts ,
des mœurs, des plaisirs, dans la vue du bonheur
commun de l'humanité, et de l'accomplissement
des lois que la divinité a suscitées pour régir le
monde ! C'est là notre mission ; mission de lentes
études, d'obscurs devoûmens et d'inépuisables travaux. Sachez le donc, les formes politiques n'ont
de valeur à nos yeux que comme garantie des a-
méliorations obtenues. Aussi les hommes de privi-
lège devraient écouter un conseil salutaire quoique
venant d'une bouche ennemie. Un seul moyen leur
reste de prolonger encore la débile vieillesse de
leur caste: qu'ils profitent de leurs avantages sociaux
pur servir la cause du progrès, faire avancer les

masses populaires dans la carrière de la civilisation,
·et hâter la transformation de la charité chrétienne
en fraternité féconde et en amour enthousiaste de
l'humanité ! Cette voie les conduirait il est vrai
tôt ou tard au suicide, mais à un suicide digne
d'admiration ; belle fin pour un ordre de choses
qui, lui aussi, a été il y a quelques siècles utile
au genre humain. A ces conditions que les survi-
vans des âges gothiques meurent en paix ! Ils n'ont
pas d'outrages à redouter du parti démocratique.
Mais qu'ils ne touchent point à l'héritage d'égalité que nous ont légué nos prédécesseurs, car, si
nous sommes trop forts pour être assaillans nous
voulons du moins défendre nos conquêtes, et les
défendre c'est terrasser l'ennemi !

Je crois avoir parcouru entièrement le cercle
tracé par le ministère accusateur, car il m'est impossible de prendre au sérieux les incriminations qui
reposent sur une tournure de style ou sur un mot.
Quand une opinion est légitime et morale, l'expression qui la contient ne saurait receler aucun
délit. — Il ne me semble donc pas nécessaire de
défendre ma manière d'écrire après avoir exposé
ma pensée, et de ravaler la dignité de votre audience à réfuter un à un les étranges griefs de l'arrêt de renvoi. Et cependant, MM. les jurés, je sens
qu'arrivés à la fin de ces débats vous cherchez
encore où est la question judiciaire que vous devez
résoudre. La loi vous appelle à prononcer sur des
faits, à en établir la moralité, et vous n'avez entendu discourir que sur des opinions. Vous savez
que les théories ont un seul accusateur légitime,
la logique ; un seul juge, la raison générale ; un
seul châtiment quand elles sont fausses, le dédain
et l'oubli : et votre verdict va trancher une question
de théorie, et vous allez décider si, pour ne pas
reconnaître l'inviolabilité royale on est digne de

prison et d'amende ! Une telle position doit, à la
fois, vous alarmer et vous sembler étrange. Croyez
le, néanmoins, en l'acceptant dans toute sa latitude
vous ferez acte de juges éclairés et de bons citoyens.
Sans doute un jour viendra où le jury devra se
renfermer dans les étroites bornes de ses attributions. Mais il faut pour cela que notre société ait
trouvé son assiette normale. Dans l'état de désordre où la monarchie nous a plongé, vous êtes au-
contraire souvent législateurs avant d'être juges.
Votre modeste fermeté a déjà fait échouer les
fureurs sacerdotales de la restauration.

Votre humanité persévérante a également con-
traint le pouvoir à tempérer la cruauté de nos
codes. Ainsi comme toutes les institutions réellement sages, le jury, né des mœurs et de l'opinion
du peuple a réagi à son tour sur cette opinion et
sur ces mœurs qu'il a puis amment modifiées,
agrandies, purifiées ! Votre tâche n'est pas pour
cela finie. Il vous reste aujourd'hui à briser les
entraves que le pouvoir veut imposer à la presse.
Il vous reste à proclamer, par une jurisprudence
constante que si vous êtes prêts à frapper dans
l'écrivain le délit de droit commun qu'il peut
commettre, calomnie, provocation directe au crime, attentat aux mœurs, vous ne prétendez vous
immiscer en rien dans la recherche des faits, l'exposition des principes, la discussion des théories.
Il vous reste à proclamer qu'il n'y a pas, en semblable matière de dogmes obligatoires et que la
raison, l'expérience et le temps peuvent seuls ré-
munérer les découvertes utiles, et repousser les
dangereuses erreurs. Il vous reste à proclamer
enfin que la presse, anarchique Protée en apparence,
quoi qu'offrant à qui sait le saisir une puissante unité
forme avec ses mille voix diverses la plus haute
formule de la souveraineté du genre-humain, et

le promoteur le plus actif et le plus méritant des progrès à réaliser. Les gouvernans ne veulent pas accepter ces vérités hautes et fertiles. Ne nous en étonnons pas. Si loin que nous remontions dans la nuit des temps nous trouvons déjà les masses asservies et les chefs de peuples exploitant le travail et la misère des faibles. Si loin que nous remontions nous trouvons aussi la pensée humaine essayant un généreux travail d'affranchissement.

L'étude de l'histoire consiste simplement à suivre le développement et la lutte de ces deux forces, lutte qui touche heureusement à son terme. Oui , soyons en certains , MM. les jurés , la pensée triomphera et avec elle l'égalité et l'amour de l'homme pour ses frères. Déjà cette généreuse puissance a renversé bien des obstacles et subi avec courage bien des épreuves. Tour à tour philosophique , religieuse , politique , elle a brisé le joug des castes sacerdotales , anéanti l'esclavage , fait dominer le bonnet doctoral sur la couronne des Césars et détruit les races féodales et le préjugé nobiliaire. A chacune de ces phases, la couche sociale qui jouit des conquêtes de la civilisation s'est considérablement accrue , et c'est là l'heureux salaire des amis du peuple. Platon n'avait parlé qu'à quelques milliers de Grecs, la voix de Jean-Jacques s'est faite entendre à des centaines de millions d'hommes de toutes les contrées. Aujourd'hui une vérité livrée à la presse est sûre de dominer l e monde dans un temps prochain , dût-on l'enfermer avec son auteur dans le plus étroit des cachots. En vain toutes les violences rétrogrades se réuniraient contre elle. La ciguë et la lapidation des anciens philosophes , le cirque où sont descendus les premiers chrétiens , les buchers des grands hérésiarques , l'exil des encyclopédistes n'ont pas arrêté l'élan de la pensée. Espérerait-on , aujourd'hui

qu'elle a doublé d'énergie, lui apporter des entraves
en fermant encore les prisons sur ses obscurs vul-
garisateurs ? La pensée ne meurt point dans la
persécution, elle puise au contraire dans la conscience du dévouement de nouvelles armes pour
continuer la lutte. Reine de l'avenir elle ne pliera
pas devant les bizarres fureurs de ses ennemis, et
devant les imperceptibles piqûres dont on prétend
la torturer. Je le répète, MM. les jurés, c'est à vous
qu'il appartient de hâter son affranchissement. La
presse a créé les améliorations sociales dont vous
jouissez : ne soyez pas ingrats envers votre bien-
faitrice. La presse pourra plus tard réaliser le vœu
commun à tous les Français d'un gouvernement
créé par le peuple et pour le peuple, d'une instruction générale et bienfaisante, d'une aisance étendue à toutes les classes de citoyens, et d'une dignité morale mieux comprise ; n'attaquez pas l'a-
liment vivifiant de tous les progrès que vous dé-
sirez. Appelez, appelez plutôt toutes les opinions
dans l'arène ! Nous aimons, quant à nous, y voir
descendre nos adversaires aussi bien que nos amis.
Surs que la victoire doit rester à la vérité, nous
ne redoutons rien d'un pareil combat, car nous
comptons sur la justice de notre cause.

L'aristocratisme n'ose-t-il pas en faire autant ?
A nous permis de prendre ses velléités d'oppres-
sion pour un aveu d'impuissance. Et nous saurons
toujours être conséquens avec nos principes. Honte à qui, dans l'avenir, tenterait d'étouffer la pensée ou de contester son légitime pouvoir ! D'ailleurs, nous l'avons déjà prouvé, nous qui bondis-
sions de joie, huit jours après la révolution de
juillet, en voyant reparaître les feuilles légitimis-
tes, pensant qu'elles nous donneraient occasion
de prouver la justice de notre cause par notre to-

lérance pour l'erreur et notre respect pour les vaincus. Cette impression, MM., était bien pure;
aussi nous est-il doux de nous la rappeler au jour
de la persécution! Fort de ce souvenir, fort de ma
confiance en votre raison et convaincu d'être resté
dans mon droit, je compte aujourd'ui sur un acquittement. S'il en était autrement j'accepterais
encore soyez en certains votre verdict avec respect comme symptôme de notre état social, et expression de l'opinion d'une partie de mes
concitoyens. Je n'en croirais pas moins devoir
faire de nouveaux efforts pour concourir à répandre la vérité, poursuivre les préjugés rétrogrades,
et préparer l'avenir de bonheur que nous promet
la démocratie!

M. Trélat prend à son tour la parole.

Messieurs les jurés,

Achille Roche, mon ami, m'a prêté son appui
devant une cour d'assises dont la raison a fait
justice des accusations qui lui étaient soumises.
C'est pourquoi vous me voyez aujourd'hui, devant
vous, moi qui suis étranger au barreau. Ecoutant
sans-doute plus la délicatesse de ses sentimens
que son intérêt, Roche a demandé ma présence :
il a combattu mes objections; j'ai dû alors respecter sa pensée. Le devoir autant que l'affection
m'ont amené ici : vous m'accorderez donc toute
votre attention toute votre bienveillance. J'attends
de votre raison et de votre justice, messieurs les
jurés, le verdict d'acquittement que nous avons
obtenu dans l'affaire plus grave dont je viens de
vous parler. Je l'attends avec confiance, car ma
cause est bonne, car le prévenu est un homme de
conscience et de devoir qui a dit ce qu'il pense et
qui l'a dit parce qu'il l'a jugé utile.

Le rédacteur du *Patriote* de l'Allier est prévenu du délit d'attaque contre l'inviolabilité royale et du délit d'offenses publiques envers la personne du roi. — On lui reproche « d'avoir cherché par » ses expressions, ses satyres, ses railleries, ses » sarcasmes, ses diatribes, ses allusions et ses com- » paraisons, à rendre odieux et méprisable le prin- » ce régnant. »

Vous comparerez, messieurs, ce langage de l'acte d'accusation à celui de M. Roche, et vous n'aurez pas de peine à reconnaître qui, des accusa- teurs ou de l'accusé a réellement besoin de rece- voir des leçons de convenance et de modération.

On vous a lu l'article incriminé : peut-être le connaissiez-vous déjà avant cette audience et vous avez pu voir si les pensées qui y sont exprimées ne sont pas celles que vous avez souvent entendu émettre autour de nous, ou que vous avez mani- festées vous-mêmes en maintes circonstances, et principalement à l'occasion de chacune des tour- nées royales.

Somme-nous en cause pour avoir donné le nom de *relations de police* aux récits ministériels du voyage du roi et pour avoir dit que la majesté du trône est à jamais éteinte ?

Rien ne suffirait mieux, messieurs, à prouver cette dernière proposition que le développement de la pre- mière. Il résulte, en effet, de la simple lecture des jour- naux de toute nuance, publiés à l'époque du voyage de Cherbourg, que des efforts extrêmes ont été faits pour provoquer des démonstrations, que l'action de la police s'est montrée partout, que les négociations ont précédé la solennité de plus de deux mois et qu'on a dépassé en cette circonstance tout ce qu'on avait fait précédemment pour organiser l'enthousiasme sur les pas des princes.

Les preuves fournies par les journaux patriotes n'ont pas été démenties par les feuilles ministérielles.

La police s'est montrée tout autant à découvert dans le voyage de Cherbourg qu'à la revue du 28 juillet au sujet de laquelle un ministre disait : « Qu'importe que
» les journaux indépendans soutiennent qu'on a crié :
» à *bas les forts* ! les nôtres affirmeront que c'est
» *vive le roi* ! Il y aura doute pour la province, et c'est
» tout ce qu'il nous faut »

Quelle preuve plus éclatante chercherons-nous des calculs et des combinaisons de toute espèce qui se sont mêlés au dernier voyage de Louis-Philippe, que les deux éditions des discours royaux , l'une pour les départemens, l'autre pour la Ste-Alliance ; que la métamorphose à l'impression d'un discours de 8 lignes en un autre de 35 soigneusement émondé de tout ce qui pouvait lui donner couleur tant soit peu révolutionnaire ?

Voulez-vous une preuve de plus entre cent ? Rappelez-vous ces maires de trente ou quarante communes arrivant à cheval, en bottes, en chaudron , portant tous des drapeaux de même grandeur, et demandez-vous si cette singulière cavalcade affublée de costumes dont nous ne connaisons même plus la dénomination, s'est ainsi transportée de son propre mouvemement sur le passage de *sa majesté* !

Hâtons-nous de le dire : les voyages des princes, comme ils se font, ne peuvent plus être , de nos jours, un moyen d'explorer l'esprit public ; tout l'appareil et toutes les précautions dont ils sont l'objet ne tendent qu'à masquer la vérité et à provoquer des démonstrations d'où on espère tirer quelqu'appui , le dernier voyage a mis cette vérité plus en relief parce qu'il a fallu faire des efforts extrêmes pour lutter contre la désaffection générale , parce qu'il n'a été entrepris qu'après un traité pour ainsi dire conclu avec les autorités de chaque ville.

Un fonctionnaire public (1) se permet-il de faire entendre le mot de liberté au milieu de paroles pourtant bien respectueuses, on se hâte de lui faire sentir par la

_____

(1) Le président du tribunal de commerce de Bernay.

réponse qu'a citée *le Patriote* à la fin de l'article incriminé, que ce n'est pas là le langage qu'il faut tenir.

Voilà messieurs, comment on explore aujourd'hui l'esprit des populations! Voilà comment on consulte leurs vœux et de que le manière on s'occupe de leur enseignement moral!

Passons à un autre grief:

Le rédacteur du *Patriote* a dit que la majesté du trône est à jamais éteinte.

Mais qui pourrait, de bonne foi, lui contester cette assertion?

La majesté du trône! où est-elle, s'il vous plaît? Dans cette ère d'examen et de positivité, dans cette ère de vérité et d'inflexible justice où il faut que chacun réponde de ses œuvres?

La pourpre est sans éclat depuis qu'un charbonnier du port s'est couché sur le lit royal au 29 juillet.

Qui donc essaierait de rendre au diadème de nos rois passés son ancienne magie depuis que le puissant génie de l'empereur n'a pu y suffire?

Non, il n'y a plus de majesté du trône; il n'y a pas de majesté sans culte et tout culte suppose de la foi; la foi est éteinte au fond des cœurs et ne s'y rallumera pas.

On ne voit plus de nos jours et on ne doit plus voir dans toutes les parties de notre état social, que des hommes dont les uns se conduisent bien et les autres mal, dont les uns méritent l'estime et l'affection de leurs semblables, les autres leur indifférence ou leur sévérité.

Sous l'heureuse influence du progrès de nos mœurs publiques, ceux qui portaient autrefois les injustes mépris de la société sont traités aujourd'hui avec plus de dignité, mais aussi ceux qui ne s'étaient donné que la peine de naître pour recueillir des hommages, ne rencontrent plus que des juges là où ils étaient habitués à ne trouver que des adorateurs. — L'échelle sociale a ployé, ses extrémités se sont rapprochées et l'espèce humaine s'est honorée et grandie de tout ce qu'elle n'a jamais abdiqué d'injurieux dédains pour les petits, ou de serviles

génuflexions devant les grands. — Encore une fois l'a-
doration n'est plus de notre temps : chacun aujourd'hui
regarde son homme en face, quel qu'il soit, aucune, tête
n'a plus d'auréole, aucun genou ne doit plus fléchire te
là où il n'y a plus d'esclaves il ne peut plus y avoir det
maîtres.

Qu'on ne nous accuse donc pas pour avoir dit que la
majesté du trône est à jamais éteinte, car nous avons
simplement exprimé là un fait incontestable ; une vérité qui est dans l'air , que tout le monde respire et que
sentent bien ceux-là même qui voudraient repousser ses
atteintes.

Le rédacteur du *Patriote* a parlé des nausées que
doivent produire toutes les platitudes bourdonnées aux
oreilles du roi, et il a eu raison, car son devoir est d'ins-
pirer à ses lecteurs honneur et dignité , et rien n'énerve
l'ame , rien ne pervertit le caractère comme la bassesse
et l'hypocrisie.

C'est de la bassesse et de l'hypocrisie, messieurs, que d'a
duler un homme, que de lui parler face à face de l'étendue
de ses vues et de sa sagesse infinie, que de le remercier
d'une prospérité à laquelle on ne croit pas et d'une paix
profonde que chaque jour dément ; c'est un acte indigne
d'un homme que courir à pied , tête nue, pluie battante
et au milieu de la boue, à la portière d'une voiture......
et pourtant voilà ce qui a été fait par d'éminens fonctionnaires au dernier voyage du roi! voilà les nobles
exemples de dignité personnelle qui ont été donnés à la
population par ceux qui devraient la rappeler sans cesse
au sentiment de ses devoirs.

On lit sur une maison de *Caen*, dit le *Pilote du Cal-
vados* une inscription ainsi conçue , gravée en lettre
d'or sur une tablette de marbre noir :

« Le 8 août, Louis-Philippe, roi des Français, après
» avoir passé, à pied et sous la pluie, dans les rangs de
» la garde nationale et d'Argences, a cherché un abri
» sous cette porte, accompagné des ducs de Nemours et
» et de Joinville. »

Cette plate flagornerie ne rappelle-t-elle pas l'excla-
mation de cet *humble sujet* qui, venu du fond de la

Basse-Bretagne pour voir Louis XIV, après l'avoir
aperçu traversant la grande galerie de Versailles : « Je
l'ai vu, ce grand roi, il marchait lui-même. »

Messieurs, toutes ces humiliations de l'homme devant
l'homme, toutes ces pitoyables courtisaneries ne sont
plus dans nos mœurs, et il ne nous est pas permis, à
nous qui savons combien elles ont faussé l'éducation des
peuples, de taire le sentiment qu'elles nous inspirent.

Nous comprenons notre mandat de telle manière que
le moindre déguisement de notre pensée serait une lâcheté de notre part. Toute chose est bien ou mal, selon
nous : nous ne connaissons pas de milieu.

Nous concevons les voyages d'apparat et la représen-
tation d'autrefois avec les respects, les hommages et les
croyances des temps passés : alors il n'y avait pas d'hypocrisie, car il y avait foi. Il n'en est plus de même aujourd'hui : et ce que nos mœurs actuelles ne conçoivent
plus, la morale le réprouve.

Mais le rédacteur du *Patriote* ne s'est pas borné à
cette profession de principes : il s'est permis d'attaquer
un dogme constitutionnel.

Messieurs, quand le maréchal de Villeroi disait à son
élève : « Prince, tout ce peuple est à vous, » il y avait
dans ce mot une grande fausseté, sans doute, mais il y
avait aussi dans son auteur plus d'ignorance que de mauvaise foi. Si les princes d'alors se considéraient comme
les propriétaires des peuples, il faut bien convenir aussi
que les peuples étaient loin encore de s'être affranchis
de cette croyance : la monarchie était un pouvoir absolu, vraiment non responsable, et lorsqu'un roi per-
dait l'affection de *ses sujets*, c'était un lien de famille
qui se relâchait sans se rompre. Il y avait même cela de
remarquable, qu'on tenait plus à la forme qu'au fond :
un mot blessant pouvait exciter l'animadversion publique, le blâme des parlemens et même parfois la riposte,
à bout portant, de quelque courtisan de mauvaise humeur ; mais quant aux actes, ils s'accomplissaient au
mieux malgré leur injustice et souvent même leur
cruauté. Quand l'autorité royale tirait du ciel son origine, elle devait échapper à tout examen : son droit

3

faisait sa force, et le plus ou le moins de magnanimité de ceux qui en avaient le dépôt, ne devait en affaiblir ni en fortifier l'exercice dans leurs mains.

Louis XIV pouvait donc dire : *l'état, c'est moi*, bien qu'il eût été plus poli de sa part de s'expliquer moins cavalièrement. Il n'en est plus de même aujourd'hui que l'autorité royale a cessé d'être un pouvoir suprême. Dès qu'elle se montre agissante, elle devient sujette à louange ou à blâme. — Je ne vois plus de sujets, mais des contractans; je ne vois plus de droits antérieurs au contrat, plus de possession, mais une magistrature bien ou mal exercée, et sur laquelle chaque citoyen est admis à émettre et à faire valoir son opinion.

Pour soutenir cette proposition, je me fonderai sur les propres paroles, et pour ainsi dire, sur les doctrines de Louis-Philippe.

Ici M. Trélat cite les paroles royales aux autorités constituées de Lizieux, de Cherbourg, de Caen, de Bayeux, de Louviers et du Hâvre, contenant la déclaration la plus explicite que le système suivi par le gouvernement est le système du roi, et qu'il en réclame tout l'honneur.

Après ces citations, il invoque plusieurs articles de journaux d'opinions diverses, depuis le *National*, le *Courrier*, jusqu'au *Journal de Paris*, ci-devant révolutionnaire, sur la question de responsabilité du roi, et s'écrie:

Ainsi donc, Messieurs, nous n'avons autre chose à opposer à l'accusation qui nous est intentée d'avoir attaqué le dogme de l'inviolabilité, que les paroles du roi lui-même qui reconnaît au peuple, à la population de chaque département et de chaque ville, aux gardes nationales, aux tribunaux, aux conseils municipaux, aux académies et à tous les citoyens, le droit d'élever la voix pour exprimer leur opinion et leurs sentimens sur son système et sur la marche de son gouvernement.

Quand on se montre si ardent à recevoir et à provoquer les éloges de ceux qui sont contens, n'est-il pas aussi de toute justice qu'on subisse le blâme de ceux qui ont à se plaindre ? Quand on réclame l'honneur d'un système, n'en accepte-t-on pas par cela même toute la responsabilité ?

Messieurs, il n'y a qu'une seule voix en France pour proclamer que c'est le roi qui gouverne. Lui-même, il ne laisse échapper aucune occasion d'en réclamer l'honneur pour lui tout seul : « Je n'ai pas d'entourage, » dit-il, le 6 juin, à MM. Arago, Laffitte et Odillon-» Barrot ; c'est peut-être de l'amour-propre, mais je ne » suis soumis à aucune influence; mon système me paraît » excellent. »

Dans son voyage en Normandie, il proclame avec une modestie toute royale que la prospérité de l'industrie, l'activité du commerce, l'abondance des moissons les fécondes variations de la température elle-même, sont dues uniquement au système dont il recueille la gloire. — Souffrez donc, qu'en bonne justice, nous qui ne pouvons voir aucune gloire dans l'époque présente, nous exprimions franchement et loyalement tout ce que nous avons sur le cœur. — Souffrez aussi que nous disions avec le *Journal de Paris*, avec M. Thiers, avec tous les *publicistes constitutionnels*, que pour être inviolable, le roi règne et ne gouverne pas, mais que s'il gouverne, s'il administre, il tombe par cela même dans le domaine du libre examen, il accepte des juges et cesse de pouvoir invoquer le dogme de l'inviolabilité royale.

Il nous reste, à examiner la dernière partie de l'article incriminé :

Messieurs, nous voudrions, pour l'honneur de l'humanité, n'avoir pas à entrer dans la discussion que l'accusation nous force d'aborder.

Lisez tous les discours royaux prononcés dans chaque tournée, et vous n'y trouverez que paroles de haine et de violence contre la révolution: pas une pensée consolante, pas un sentiment de bienveillance et de fraternité.

Eh bien ! il ne nous est pas possible, à nous qui avons bonne mémoire, à nous qui avons toujours eu les mêmes pensées, toujours tenu le même langage, d'oublier que ces paroles sont le démenti formel de celles qu'on

proférait il y a trois ans. Indiquez-nous donc le moyen
d'effacer de notre esprit des protestations aussi nettes
que celles-ci :

» Comment trouvez-vous le général Lafayette qui a
» la prétention d'être plus républicain que moi ?

» Ma conduite dans la première révolution répond
» de mon dévouement à la seconde. »

» Je suis à vous, à la vie et à la mort ! »

» Il n'y aura plus de procès de presse. »

» Je suis républicain ; la constitution américaine est
» la plus parfaite à mes yeux ; il faut un trône entouré
» d'institutions républicaines, et mon règne sera le plus
» sûr et le plus court acheminement à la république. »

Ces paroles burinées par l'histoire , et les brûlans
souvenirs de notre première révolution, forment un dé-
solant contraste avec le langage actuel , et ce n'est ni
vous ni nous qui nous chargerons de justifier une pareille contradiction.

Disons ici, toutefois, que cet appel continuel à la violence, que ces expressions *écraser l'anarchie* , *anéan-
tir les factions,* que ces pensées continuelles de mort
et de destruction s'accordent mal avec l'état de nos
mœurs et ne sont bonnes tout au plus qu'à jeter de fort
mauvais sentimens dans les cervaux faibles, à irriter les
citoyens d'un même pays les uns contre les autres.

Le rédacteur du *Patriote* s'est borné à constater un
fait. Il était de son devoir de consigner dans son journal
l'impression pénible que lui ont causée toutes ces attaques violentes contre une révolution dont on s'était honoré naguère d'être sorti. — Il eût menti à sa conscience, et c'eût été la première fois de sa vie; il eût manqué
à ses antécédens s'il eût dit autre chose ou s'il eût dit
moins que ce qu'il a dit.

Messieurs, il y a dans l'extrême susceptibilité de la
royauté , et beaucoup plus encore dans celle que ses
défenseurs éprouvent pour elle, quelque chose du temps
passé. — Depuis qu'il n'y a plus chez nous de majesté
du trône, la royauté ne peut plus espérer que d'être ré-
tribuée selon ses œuvres, et, soyez tranquilles, si elle est

réellement nécessaire ce ne sont pas les plaisanteries qu'on peut faire sur son compte qui briseront ses états. On a ri en France des professions les plus utiles, et elles n'en continuent pas moins d'y être exercées avec honneur et dans une sécurité parfaite. Les admirables jeux d'esprit de Molière n'ont rien fait perdre aux savans de la haute considération qui leur est due.... La royauté ne saurait-elle donc endurer un peu de ce qu'ont souffert, sans mot dire, ceux qui ont honoré leur existence par les conquêtes de leur génie.

Quant à nous, nous croyons bien qu'elle ne se montre si colère, que parce qu'elle a le sentiment de son impuissance. C'est là notre opinion: avons nous tort? qu'elle nous le prouve par les mêmes armes qui sont à notre usage, c'est-à-dire, par l'action de l'intelligence et non par les procès et par la prison, car cet argument ne profite plus à ceux qui l'emploient. C'est ici surtout qu'il est permis de dire: » Tu te fâches, donc tu as tort. »

Un philosophe de l'antiquité disait à un interlocuteur brutal: » Frappe mais écoute ! » C'était déjà une généreuse réaction de l'esprit contre la matière, mais les temps sont bien changés et nous sommes maintenant en mesure de dire : « Ne frappe pas mais écoute. »

Messieurs les jurés, la pensée est la fonction de l'homme qui mérite le plus de respect, elle doit être inviolable car l'homme la doit à la société, libre et pure comme il l'a reçue de Dieu. Un jour viendra, hâtez sa bienvenue autant qu'il est en vous de le faire, où la grande famille se régira d'elle-même sans violence, sans désordre, sans provocations et sans vengeances. Ce sont les farouches républicains (comme on les nomme) qui conçoivent, qui entrevoient et qui appellent cet heureux jour de tous leurs vœux et de tous leurs efforts. — Alors aucune force ne sera perdue, toutes les pensées seront recueillies, toutes se féconderont les unes par les autres : l'humanité s'avancera dans la voie que la nature lui ouvre.

Le moyen de l'y engager c'est de faire cesser au plus vîte l'état monstrueux où la pensée lutte contre le gendarme.

Cherchez partout, fouillez les temps passés ou considérez le présent; vous trouverez dans tous les âges et dans tous les lieux ceux qui présidaient et qui préparaient l'avenir, poursuivis, persécutés, mis à mort par des hommes qui s'appelaient Anytus, Jeffreys, Christophe de Beaumont ou Marchangy. Qu'est devenue la mémoire de ces derniers?— Elle est maudite. — Que sont devenues les pensées qu'ils combattaient à outrance? — Elles ne peuvent plus s'éteindre, elles ont échauffé tous les cœurs, elles font le tour du monde.

Croyez-nous, c'est chose mauvaise que de faire la guerre aux idées avec des réquisitoires: il serait tout aussi moral et tout aussi humain d'ordonner qu'un certain nombre d'hommes se privent d'une jambe, d'un bras ou se coupent la langue.

Beaucoup de ceux qu'on persécute ne voudraient assurément pas changer de rôle avec ceux qui les poursuivent.

Il est temps que cela finisse et que l'humanité se repose.

La paix commencera le jour où l'intelligence humaine sera libre et où l'on ne verra plus requérir l'amende, la prison, le bannissement ou la mort contre un homme qui peut, selon les temps ou selon les lieux, s'appeler Socrate, Sidney, Béranger ou Paul-Louis Courrier.

Ce n'est pas une loi de la nature mais bien un caprice des méchans, que les sociétés ne puissent se maintenir que par la violence.

Aux temps passés, on jetait dans les fers, sur les bûchers ou bien sous la hache du bourreau, les hommes qui prêchaient l'abolition de l'esclavage ; plus tard on châtiait ceux qui voulaient adoucir les mœurs par l'instruction, ou bien on proscrivait des populations tout entières pour leurs croyances religieuses. On sévit aujourd'hui contre les hommes qui déplorent que les leçons du passé soient perdues pour l'avenir, et dont la voix se fait entendre pour écarter les maux qui nous menacent.

Tout cela était indigne autrefois, tout cela est encore indigne aujourd'hui. La principale cause du mal, c'est un profond mépris de l'humanité. En voyant les gouvernans actuels ne se maintenir qu'en faisant écouler dans des espèces de cloaques décorés du nom de prisons ce qu'ils appellent *le trop plein* de la civilisation, l'homme qui aime et qui respecte ses semblables est forcé de regarder l'état social présent comme une mutilation continuelle. En agissant comme ils le font et en envoyant aux guichetiers ou au bourreau tout ce qui les gêne ceux qui règlent les intérêts des états, mettent la société sur le lit de Procuste pour la rapetisser et la raccourcir à leur gré.

Pour nous qui estimons la vie et la liberté de l'homme à plus haut prix, et qui ne concevons pas le froid courage avec lequel les législateurs et les gouvernans en ont presque toujours disposé, nous disons qu'un état social va d'autant plus mal qu'il appelle plus fréquemment la violence à son secours et qu'on peut juger du mérite et de la consistance d'un gouvernement par le petit nombre de ses victimes. Nous disons que lorsque des gens de cœur et d'ame gémissent en grand nombre dans les lieux destinés à l'expiation du crime, au lieu de poursuivre en toute liberté leur carrière de sciences, d'arts, de commerce ou d'industrie, c'est qu'il y a quelque chose de faux dans la situation des affaires, c'est qu'un mal profond tourmente la société, c'est que ceux qui sont commis à la direction de ses intérêts, loin de les comprendre, ont adopté un système qui les blesse, les irrite et les insurge. Et qu'on ne pense pas que notre humeur chagrine ne soit excitée que par ce

qui se passe à cette heure autour de nous. Assurément nos plaintes revêtent aujourd'hui plus d'a-
mertume que jamais, parce que depuis long-
temps notre malheureux pays n'a pas été en
proie à d'aussi vives douleurs; mais les pensées
que nous exhalons s'appliquent aussi à d'autres
temps que le nôtre, à d'autres lieux que ceux
que nous habitons. Nous poursuivons de notre blâme tous les gouvernemens et tous les hommes qui laissent s'égarer ou se perdre une foule de
forces qui pourraient être appliquées à l'intérêt
commun; nous poursuivons de notre haine les gouvernemens et leurs agens qui sacrifient des existences
pleines d'utilité pour le genre humain; nous entou-
rons de notre intérêt et de nos regrets les hommes
de tous les pays, de tous les temps et de tous les
partis qui se consument en pénibles luttes ou qui
succombent avant le temps sous les vices d'un état
social qui ne sait que corrompre et dévorer.

Une réflexion est poignante, messieurs, c'est
que ces attentats à la loi de conservation semblent
s'accomplir bien plus en vertu de l'habitude et
d'une sorte de routine brutale, qu'en vertu d'un
système, car ils sont à l'usage de tous les gouvernemens les plus opposés dans leurs vues et dans
leurs principes.—Les rois passés tuaient les hommes:
la convention tuait aussi, mais au moins avait-elle
pour excuse les horribles convulsions du temps et
les dangers du pays; l'empire et la restauration
tuaient encore, et l'époque présente se montre toute
sanglante des malheurs de Varsovie, des potences
de l'Italie, du Piémont et des mitraillades du 6 juin.

Prisons et supplices, sang et larmes, tels semblent être les conditions obligées et les emblêmes
de tous les pouvoirs; ceux qui sacrifient ainsi l'existence ou la liberté de leurs semblables, ceux qui
livrent aux bourreaux ou qui jettent sur la

paille des voleurs les esprits les plus élevés et les
cœurs les plus droits, n'ont-ils donc jamais songé
à ce que coûte à la nature et de temps et d'efforts,
l'enfantement d'une de ces puissances intellectuel-
les que l'échafaud peut-être, ou les fatigues de la
lutte vont rejeter dans le néant ; quand elle aura eu
besoin de plusieurs centaines d'années pour en sortir? ne frémissent-ils pas devant cette idée que le
couperet dont la chute est irréparable, ou la persécution dont l'atteinte est souvent aussi sûre, pour-
ront frapper l'homme qui a dans sa tête la pensée
du siècle ?

Mais si leur esprit ne s'est jamais ouvert à cette
réflexion , qu'il s'y ouvre donc enfin, dans ce
temps où les avertissemens ne manquent pas ! Que
ceux qui ont le courage d'être satisfaits du
présent et de remercier les princes des pros-
pérités du siècle, souffrent au moins que quelques plaintes se mêlent à leurs actions de grâces. Nous n'avons pas la joie au cœur, nous qui
voyons la science et la vertu traîner le boulet,
nous qui avons vu des hommes, dont le monde sa-
vant cite les travaux avec honneur, meurtris par
les fers du bagne ou couchés dans les cabanons de
Versailles. Ce sont-là choses dont nous ne saurions
être témoins sans qu'ame et chair ne se révoltent
en nous.

Toutefois, au milieu des pensées tristes qui nous
oppressent, la plus triste est de ne point être compris de ceux qui devraient être les premiers à nous
comprendre. — Nous demandons l'abolition de
toute violence, et on nous dit que c'est nous qui
sommes des hommes de terreur, de pillage, d'écha-
fauds..... que sais-je? On répond par des procès au
cri de notre conscience; on n'hésite pas, pour peu
qn'on soit en verve, à nous appliquer le maximun
des peines que le législateur a prononcées contre

3*

les escrocs qui emploient de faux noms et des ma-
nœuvres frauduleuses pour voler de l'argent ou
pour extorquer des billets ! que dis-je ? On va jusqu'à sextupler ces peines, au moins en ce qui touche
l'amende.

Hommes puissans du jour ! magistrats, jurés,
ouvrez donc les yeux de votre corps et les lumières
de votre âme; car c'est un état de folie que celui
sous lequel on nous fait vivre, et plus on mettra
d'entêtement à répandre de pareilles erreurs, et plus
nous mettrons d'ardeur à propager la foi qui nous
brûle; il y a quelque chose de plus fort que la menace et la persécution, c'est le besoin de dire ce
qu'on sent être vrai. On ne viendra jamais à bout
de cet agent social : c'est sur lui que repose la
crue de l'humanité.

Pourquoi donc, quand un homme a tort, quel
qu'il soit, ne le dirais-je pas ? La pensée et la parole me sont-elles données pour que je m'en fasse
geôlier ?

Je suppose un Louis XI sur le trône, un traître
manquant à toutes ses promesses, violant sa foi jurée (car enfin ce qui s'est vu peut se voir encore)..
Vos lois de 1819, faites en d'autres temps et sous
d'autres nécessités que celles de notre époque, le
protégeraient tout aussi bien qu'un honnête homme ; les lois de la république et de l'empire n'ont-
elles pas protégé la restauration, l'ennemie jurée
de ces deux époques ? La royauté citoyenne n'in-
voque-t-elle pas chaque jour en sa faveur les dé-
crets de ventôse ou de germinal.

Eh bien ! faudrait-il emprisonner notre pensée, enchaîner notre langue devant un nouveau
Louis XI ?

Non, mille fois non, car ce serait-là une honteuse
lâcheté.

Nous avons dit tout ce que nous pensons du dernier voyage du roi. Nous avons essayé d'en tirer un enseignement pour le public. Toute chose si minime qu'elle puisse être, devient pour nous un texte de prédication morale.

Serons-nous condamnés pour avoir exprimé notre conviction ?

Alors nous redoublerions de zèle pour nous faire mieux comprendre. Mais heureusement nous devons au courage autant qu'à la raison de nos pères une institution dont la nature est de suivre les progrès de l'intelligence publique et de ne point toujours ployer sous la rigidité des textes.

Le jury est l'un des boulevarts les plus inexpugnables de notre liberté, parce que rien ne l'enchaîne. Son appréciation est libre de toute autre règle que sa conscience. Son omnipotence fait sa force : c'est en cela qu'il est un des agens les plus puissans du progrès social.

Ceux de nos concitoyens auxquels nous nous adressons en ce moment ne consacreront pas cette immorale doctrine de l'un des hommes les plus pervers de notre époque : «Que la parole a été donnée à l'homme pour masquer sa pensée. » Ils se hâteront, au contraire, de concourir autant qu'il est en eux à mettre en honneur la franchise et la loyauté sans lesquelles il n'y a pas de mœurs publiques.

Chose bizarre ! on nous reproche d'être trop corrompus pour mériter le nom de républicains, et on fait tout ce qu'on peut pour éterniser la corruption des temps passés !

On se brise heureusement contre une invincible loi. Il n'est puissance au monde capable de maîtriser le mouvement qui nous emporte, et plus ceux qui ont peur de la vérité font d'efforts pour l'étouffer, plus elle s'échappe de toutes parts pour des inonder de ses torrens de lumière.

Messieurs les jurés, l'écrivain dont on vous demande la condamnation, n'a jamais eu d'autre culte que celui de la vérité.En 1829, il expiait son ci-
visme sous les verroux de Charles X. En 1829 il
avait développé devant ses juges les principes qu'il
défend aujourd'hui. La révolution lui a rendu la
liberté. Cette révolution est-elle donc déjà si loin
de nous que son invocation soit sans puissance ?

Messieurs, les peines judiciaires n'ont pas d'effet
sur les convictions profondes ; elles ne font que
retremper les ames élevées. Les lumières de la
raison fortifient chaque jour les généreux instincts
d'une probité native. Vos rigueurs n'ébranleraient
point des principes que rien ne peut atteindre, et
vous n'oublierez pas que la condamnation d'un bon
citoyen est toujours pesante à la conscience des
juges.

Après une suspension d'audience d'un quart d'heure
M. le substitut prend de nouveau la parole.

M. Romeuf soutient dans sa réplique qu'on a tourné la
véritable question du procès, au lieu de la résoudre.Il ne
s'agit pas de savoir si l'inviolabilité royale est une bonne
institution, ni s'il faut réformer la législation de la presse.
L'inviolabilité royale est dans la Charte ; il faut la res-
pecter. Les lois de la presse existent, il faut les appliquer. Or, l'accusé a commis les délits qui lui sont re-
prochés, et il n'échappera pas à une condamnation.
L'orateur parle ici du programme de l'Hôtel-de-Ville,
de la république de 93, des excès de la licence et de
la calomnie, des cinq et six juin, de la *société des
droits de l'homme*, et termine en rappelant le procès
de la *Tribune*. C'est le même procès, dit-il, et le jury
de Moulins saura remplir son devoir comme le jury
de Paris.

M. Achille Roche se lève aussitôt pour répliquer :

Je m'étonne, dit-il, d'entendre le ministère pu-

blic reprocher à la défense d'être sorti de la question. Vous avez suivi la défense et vous savez
si c'est elle qui s'est perdue dans des généralités
étrangères à la cause. Nous nous sommes au contraire renfermés dans l'examen de l'article incriminé. Mais le ministère public a cru devoir nous
amener sur un autre terrain : il faut bien l'y suivre.

Je prends au hasard au milieu des hors-d'œuvre
dont on vous a entretenus. Et d'abord, on a contesté
l'existence du programme de l'Hôtel-de-Ville !
MM. , pour rétablir les faits je n'aurai besoin que
de réveiller vos souvenirs ; malgré le pas rétro-
grade immense que nous avons fait depuis la révolution, elle n'est pas encore assez loin de nous pour
ne pas en trouver les souvenirs vivans dans nos
cœurs. Eh bien ! le 28 juillet, qu'a fait le peuple
de Paris ? Il a brisé les insignes de la monarchie, il a
combattu la royauté en combattant le roi, il a répondu
au cri de guerre des républicains. Le 30, quand le nom
de d'Orléans a été prononcé pour la 1re fois, nous
avons arraché ses proclamations des murs de Paris,
et peu s'en est fallu qu'il ne se soit fait une nouvelle prise d'armes. Les patriotes se sont réunis
dans une des salles de la rue de Richelieu, où nous
avons vu M. Barthe et beaucoup d'autres gens de-
venus depuis Philippistes, mais qui, comme toute
la réunion , étaient loin alors d'aimer la royauté !
Pourquoi donc n'ont-ils pas agi ? pourquoi ces dis-
positions ont-elles changé ? Parce qu'une intrigue
orléaniste s'ourdissait en secret, parce qu'il y avait
un seul homme influent en France, Lafayette,
parce que cet homme vénérable a été trompé.
Louis-Philippe lui parla de monarchie républicaine,
jura dans ses mains le fameux programme de l'Hôtel-de-Ville , se jeta dans ses bras, et lui inspira une
malheureuse confiance. Lafayette fit poser les ar-

mes à ses jeunes amis, Lafayette trompé fit par-
tager à la masse ses espérances hélas ! mensongères.
Voilà les faits. Vous vous les rappelez comme nous.
Louis-Philippe avait tellement pris Lafayette pour
son patron, qu'il n'osait pas faire un pas sans lui.
C'est en lui donnant la main, en agitant un drapeau tricolore, et en chantant la *Marseillaise*, aujourd'hui proscrite, qu'il se présentait aux fenêtres
de son château. Et comment n'aurait-il pas accablé
Lafayette de protestations ? Il n'a pas dédaigné de
les répéter à quelques jeunes gens de nos amis : à
eux aussi il se disait républicain. Il est vrai qu'il se
tenait dans des termes généraux, et qu'il ne voulait donner aucune garantie de promesses vaines.
Au reste, MM. les jurés, pour voir la véritable couleur des faits, rappelez-vous que Lafayette
est aujourd'hui dans l'opposition. Prenez la liste
des décorés de juillet et voyez si, en majorité, ils
sont partisans du gouvernement actuel pour le-
lequel on prétend qu'il se sont battus !

Le ministère public vous a encore parlé de 93,
thèse vieille, sophismes cent fois réfutés, et qu'il
faut chaque jour réfuter encore. Où avez-vous pris
que nous aimions la république de 93 ? Il n'y avait
pas en 93 de république : on vous l'a dit cent fois:
Il y avait dictature. C'est ce qu'avouaient franchement les conventionnels. St. Just n'a-t-il pas dit :
le gouvernement révolutionnaire est l'absence de
tout gouvernement ? 93 était une ère de combat. La
France avait à craindre l'invasion étrangère et l'a-
narchie ; ces deux fléaux ne pouvaient pas être
étouffés en même temps. Les mauvais Français ont
servi l'invasion étrangère; les bons Français se sont
servis des forces de l'anarchie pour arrêter l'invasion ; et ils ont bien fait, car après l'anarchie, la
France est restée grande et prospère ! après l'invasion, elle eût été anéantie!

M. l'avocat du roi a bien voulu s'occuper aussi d'un de mes ouvrages qui n'est pas en cause. Il vous a parlé d'une note du *Manuel du Prolétaire*, dans laquelle j'attaque, dit-il, le droit de propriété. La meilleure réfutation de cette insinuation se trouve dans la lecture de cette note rédigée en 1829 pour les Mémoires d'un conventionnel qui existe encore. La voici :

« Sans doute, et c'est un espoir qui vivifie encore mon ame ; sans doute une époque viendra où la démocratie la plus complète sera le seul gouvernement possible ; alors on saura apprécier les travaux de cette convention qui peut-être a eu le tort de devancer son siècle et de faire trop tôt le bien; mais qui a du moins eu le courage de ne point reculer devant l'application de ce qu'elle a regardé comme la vérité. Oui un jour viendra où l'égalité sera prise pour base du pacte social , ou chaque individu, si infime qu'il soit, aura les mêmes droits et la même part aux affaires publiques que l'homme le plus élevé dans la hiérarchie sociale. On reconnaîtra alors que les titres ne sont rien, puisqu'ils sont l'ouvrage de l'homme et non de la nature; que la propriété elle même n'est qu'un droit conventionnel. On sentira que tout habitant du territoire, qui ne s'est pas dégradé par une action infâme, a intérêt au bien général, et doit participer aux avantages comme aux charges de la société. On ne traitera plus de folle utopie une constitution qui reposait sur ces bases sacrées. Peut-être même, ira-t-on plus loin que nous car nous avons sanctionné l'hérédité de la propriété, vérité relative à l'époque où nous vivons , mais qui est en soi une immense injustice ; or, chaque jour la perfectibilité de l'espèce rend applicables les vérités absolues que les siècles précédens regardaient comme illusoires ; un jour viendra où ce grand et incontestabl axiome, *les fruits sont à tous et la terre à personne* sera aussi évident que la lumière du jour ; alors toute hérédité sera bannie comme usurpatrice ; alors la convention sera bénie comme ayant osé faire , sans appui ,

sans support, le premier pas dans cette noble carrière
de justice et de liberté.»

Vous voyez, MM., que nous ne parlons que d'un
temps éloigné. Et ne croyez pas que j'atténue ma
pensée ! J'aimerais mieux être condamné cent
fois que de cacher la moindre partie de mes opinions. Je ne parle, dis-je, que d'un temps éloigné, car il y a des vérités absolues et des vérités
relatives. Les vérités absolues n'ont pas d'application présente possible, et quant à elles, tout ce que
nous pouvons vouloir faire, c'est de les étudier. Il
faut, MM., qu'elles deviennent applicables , qu'elles descendent dans les mœurs publiques , avant
qu'on les rédige en codes, et cela demande des
siècles.

Qu'on ne confonde donc pas nos idées philoso-
phiques avec les vérités politiques dont nous appelons la réalisation. La politique , comme toutes
les autres sciences, procède par l'étude des faits.
Aussi la république que nous appelons de nos vœux
est elle seulement une forme qui traduira les mœurs
d'aujourd hui en institutions : c'est la transformation du code civil en constitution politique, c'est
la conformité des lois avec l'état social.

M. *l'avocat du roi.* Pourquoi faites-vous des
cinq et six juin ?

M. *Achille Roche.* Il ne s'agit pas ici des 5 et 6
juin. Je viens répondre d'une question de plume
et non d'une question de coups de fusil (bien que je
sois dans l'occasion prêt à défendre avec le fusil ce
que je soutiens avec la plume). Je ne sais pas
jusqu'à quel point votre interpellation est conve-
nable, et si je devrais en tenir compte. Cependant
je ne veux rien cacher , rien taire , et , quoique
je n'y sois pas forcé , je répondrai plus tard. Si je
ne cache aucune de mes pensées, je ne veux pas

qu'on les altère par des insinuations inconcevables.
Par exemple, M. l'avocat du roi a beaucoup parlé
des calomnies de journaux: a-t-il voulu indiquer
le *Patriote* qu'il lit depuis un an ? S'il en est ainsi,
il faut le déclarer. Dites-donc , M. le substitut ,
dites : avez-vous vu le *Patriote* calomnier quelqu'un ? (M. Romœuf ne répond pas.) Si vous
savez une calomnie de ma part, faites la connaître au jury...Mais vous ne le pouvez pas , car je mé-
prise et je déteste plus que vous la calomnie! Pourquoi avez-vous donc jeté cette insinuation dans les
généralités de votre réquisitoire ? Je vous le demande, est-ce là de la bonne foi ?

 Par suite de la même habitude d'accuser à l'aide
de faits étrangers , M. l'avocat du roi vous a parlé
du manifeste de la *société des droits de l'homme.* Je
n'ai pas lu encore ce manifeste et je ne puis pas
m'expliquer sur le fond ; les signatures dont il est
revêtu et dans lesquelles j'ai trouvé des amis et des
personnes que je vénère, ces signatures sont pour
moi une garantie de moralité. Mais il est une chose
dans ce manifeste que je ne puis admettre. Je sais
qu'on y prend pour base d'avenir une formule
précise, rédigée il y a quarante ans. Cette formule
est sans doute belle et vraie en plusieurs points :
mais j'aime trop le progrès pour encadrer jamais
ma pensée dans une formule quelconque. Cette raison suffit pour m'ôter une sympathie complète
avec une association dont je partage d'ailleurs les
idées.

 Enfin, au milieu de ces nombreux hors-d'œuvre,
vre, tout à fait étrangers au procès, j'arrive à la
barricade St-Méry sur laquelle M. l'avocat du roi
veut absolument des explications. Je puis lui en donner, car j'ai vu ces scènes désastreuses. Ici l'orateur
raconte le convoi de Lamarque; la réunion de 200

mille citoyens; l'agitation de cette foule que peu
de choses pouvait enflammer. Au milieu de ces émo-
tions, continue-t-il, un homme élève le bonnet phry-
gien sur un drapeau rouge. Ce malheureux! je con-
nais la main qui l'a fait mouvoir, c'est un homme de
police qui lui a remis le drapeau. Le mouchard est
bien connu, et j'ai eu le malheur d'avoir personnelle-
ment des relations avec lui. Il m'a dit à moi-même, le
5 juin: si quelqu'un commettait aujourd'hui une im-
prudence, ou poussait à l'émeute, je le tiendrais pour
un traître! Et lui-même avait préparé l'émeute! A
cette excitation de police les dragons, embusqués
derrière les greniers d'abondance , répondi-
rent par des coups de fusil. Les jeunes gens se dé-
fendent, font des barricades, et, une fois le fusil
à la main ne le quittent qu'après la plus vive et la plus
héroïque résistance! De ces généreux vaincus, messieurs les jurés, la plus grande partie a été mas-
sacrée, assassinée quand elle était sans défense.—
Rappelez-vous ce mot d'un soldat dans le procès
de Jeanne : la garde nationale a tout massacré!
mais ce n'était pas la véritable garde nationale , car
la garde nationale c'est nous tous, et elle n'assas-
sine pas. On sait comment on avait recruté dans ces
journées de deuil la prétendue garde nationale qui
massacrait. N'a-t-on pas recouvert de cet honora-
ble habit les galériens de Vidocq ?

Les prisonniers ont été jugés, mais un à un. Si
l'on eût fait un procès de conspiration, il eût été
trop facile de prouver le mensonge et de décou-
vrir la main de la police. On a mieux aimé frapper
les républicains des infâmes accusations de vol à main
armée, de meurtre; c'est par ce honteux subterfuge qu'on a condamné aux galères et au carcan des
hommes dont on peut n'aimer ni les opinions ni
les actes, mais que personne du moins n'a le droit
de mépriser.

Quant à la clémence royale, MM. les jurés, vous vous rappelez comme nous les faits. Des condamnations à mort ont été rendues : l'échafaud a été dressé. Mais le peuple de Paris s'est trouvé sur la place et n'a pas permis le meurtre. Gloire donc et reconnaisance au peuple de Paris ! Mais comment ose-t-on parler de la magnanimité du roi ? Les faits sont connus et trop connus ! On n'a certes pas d'actions de grâces à lui rendre. Il a voulu faire tomber des têtes.... Il ne l'a pas pu ! (Vive sensation. Des bravos se font entendre au fond de l'auditoire.)

M. Trélat réplique à son tour :

Nous ne devions pas, dit il, nous attendre, messieurs, à avoir à répondre ici de la déclaration de la société des droits de l'homme ni de l'ouvrage du conventionnel Levasseur. De ces deux choses nous ne dirons qu'un mot. La société des droits de l'homme n'est pas en cause et ce n'est ici le lieu ni de louer ni de blâmer ses doctrines. Quant aux ridicules attaques qu'on vient encore, à l'occasion d'une note de Levasseur, de lancer contre les républicains de vouloir ébranler la propriéé, nous répondrons que nul au monde ne saurait imposer des bornes au progrès social, que les républicains ne songent pas le moins du monde à attaquer le droit de posséder et de jouir de la possession, mais qu'au milieu des souffrances des travailleurs, des leçons du passé et du présent, sur lesquelles doit se formuler l'avenir, ils conçoivent une plus juste répartition des jouissances de la vie.

La propriété s'est modifiée, messieurs, par les progrès du temps On possédait autrefois la chair humaine : on la possède encore dans les colonies. Les esclaves de l'ancien temps étaient une propriété : les esclaves de Bourbon et de la Martinique sont une propriété, et c'est chose indigne que l'homme possédant et vendant son emblable. — Nos lois ont modifié d'âge en âge la propriété. Les Patriciens autrefois en possession exclusive de la terre, les aînés héritant seuls, appartenaient à un autre régime de la propriété que le régime actuel. — La division de la propriété qui s'est introduite chez nous depuis la révolution a changé notre état social; il changera encore, soyez-en sûrs. Il n'est donné à personne de dire le dernier mot de la civilisation, ou plutôt il n'y a pas, pour elle, de dernier mot, car c'est l'essence de l'humanité de toujours progresser.

Messieurs, nous ne nous arrêterons pas à réfuter M. l'avocat du roi. Ce n'est pas que nous ayons oublié de discuter le texte et l'application des lois qu'il invoque, mais nous n'avons pas voulu le faire, ces lois ne peuvent atteindre l'état présent. Notre point de départ n'est pas le même : le terrain de l'accusation n'est pas le nôtre. Aux lois de 1819 la majesté du trône, les adorations, l'irresponsabilité de la couronne; à 1830 la franchise et la loyauté dans le langage, la chute de toutes les fictions, la responsabilité pour chacun de ses propres œuvres. — Un mot encore à cet égard.

Le roi est inviolable s'il règne et ne gouverne pas. — Mais s'il gouverne il n'en est plus de même. Ses actes tombent alors dans le domaine de l'examen.

N'a-t-on pas reconnu aux opinions le droit de s'exprimer, aux républicains le droit de formuler leurs doctrines ? Est-ce que nous reconnaissons, nous, le dogme de l'inviolabilité royale ? Est-ce que nous sommes assez niais ou assez hypocrites pour faire semblant de le reconnaître surtout chez un roi aussi discutant, aussi remuant, aussi agissant que l'est le roi Louis-Philippe ? Quel serait donc le droit de discussion dont nous jouirions, si on nous imposait la condition de nous taire ou de mentir sur une partie si importante de nos principes ?

Je comprends l'inviolabilité du roi comme *fait*, c'est-à-dire que je ne puis l'actionner, le poursuivre devant les tribunaux, le mettre en jugement, mais aucune puissance au monde ne peut m'ôter mon droit de citoyen de discuter la sagesse ou la déraison de ce principe. Je puis, moi républicain, dire ce que j'en pense : je ne violente pas le roi pour cela. — Est-ce que la charte ne

parle pas d'une nouvelle et d'une ancienne noblesse ?
— Est-ce que la charte ne dit pas que le roi fait des nobles, et ne rions-nous pas des lettres de noblesse passées,
présentes et à venir.

Est ce que cette même charte ne parle pas des lois
d'exception qui régissent les colonies , et ne disons-nous
pas librement ce que nous pensons de toutes les lois
d'exception ?

Il serait vraiment par trop extraordinaire de dire
que le dogme de l'inviolabilité royale dût s'étendre
jusqu'à nous empêcher même d'en parler. On nous fe-
rait presque croire que nous sommes dans quelqu'une
de ces régions classiques de la monarchie absolue où il
est défendu de prononcer le nom du chef de l'état.

Mais il y a mieux : nous disons sans cesse qu'il ne fau-
drait plus de roi , que les peuples ne feront jamais acte
de plus haute sagesse que le jour où ils en feront l'éco-
nomie. Nous serait-il donc permis de discuter et de conseiller la suppression définitive de l'institution, tandis
qu'il nous serait interdit d'examiner ses conditions
d'existence? — Vous voyez bien qu'il y a là une contradiction inadmissible. Nous sommes plus avancés que cela
en logique, et nous sentons trop le prix de nos droits,
pour que nous puissions les laisser prescrire. — Nous
avons le droit de tout dire , tout. — On a bien discuté
Dieu , pourquoi donc ne discuterait-on pas le roi ?

Messieurs les jurés, on vous demande une condamnation contre Achille Roche , parce qu'il a eu la probité
d'exprimer sa pensée sans détour. Une conquête que
personne n'oserait nous contester , c'est celle que
nous avons faite de la franchise du langage. Après
la comédie de quinze ans , nous avons enfin secoué le
joug des fictions. Cet affranchissement de l'hypocrisie
de la restauration est une révolution plus importante
que la chûte d'un trône, car c'est une révolution dans
les mœurs : or, un accès de colère peut quelquefois suffire pour briser un trône , mais non pour réformer les
mœurs d'un peuple , et quand ces mœurs sont républicaines, c'en est fait des trônes, ils ne sauraient se relever.

On demande réparation des outrages dirigées contre le roi. Mais qui donc , s'il vous plaît , ou du peuple ou du prince, a vraiment droit à des réparations depuis trois ans. J'entends beaucoup parler ici de l'inviolabilité du roi , mais je n'entends rien dire de l'inviolabilité du peuple : et pourtant c'est le peuple qui est inviolable ; entendez vous bien ; le peuple qu'on s'applique à tour menter dans toutes ses sympathies comme dans toute ses répugnances, le peuple qui veut honneur et paix et auquel on fait subir toutes les charges de la guerre , sans aucun de ses avantages ; le peuple qui veut l'éco-nomie et l'aisance auxquelles il a droit par son tra-vail, et qu'on accable de gros impôts ; le peuple qui comprend ses droits et à qui l'on en refuse l'exercice!

On nous demande des réparations , à nous qu'on es-saie d'insulter chaque jour, à nous qu'on appelle fac-tieux et mauvais citoyens , à nous qui n'avons de pensées que pour notre pays, de sollicitude et de préoccupation que pour son avenir ; à nous qui n'avons jamais changé, qui ne changerons jamais , car nous et nos convictions , nous sommes de trop vieilles connaissances pour que nous puissions nous trouver en défaut.

Je vois bien partout des commissaires du roi préposés à la garde de son honneur, mais je ne vois nulle part de commissaires du peuple qui aient mission de faire res-pecter ses droits.— Ah ! heureusement ils sont impres-criptibles de leur nature , et quelque lent que soit à ve-nir le jour de la justice , il faudra bien que son honneur sonne enfin , et que justice soit rendue à tous.

Ne reculez pas, Messieurs, cette ère de paix et de bonheur où la violence sera à jamais bannie , et gardez-vous de contrarier les efforts de ceux qui la préparent.

Interrogez nos écrits , vous n'y trouverez jamais que des vœux de moralisation et de progrès , que des prin-cipes d'ordre , de paix et d'union entre les hommes. Nous nous appliquons à leur prouver chaque jour, l'histoire à la main et la conviction dans le cœur, que la société n'aura de stabilité que lorsque chacun de ses membres sera plus honnête homme. Est-ce donc là un travail qui mérite châtiment

Laissez-nous remplir notre tâche , car nous faisons là une bonne action. Laissez-nous exprimer en toute liberté notre pensée , c'est le moyen d'appeler celle de nos semblables et de fonder le règne de la vérité.

Sous ce règne se guériront toutes les plaies qui nous dévorent. Alors plus de ces couteuses abjections, plus de ces marchés de conscience qui déshonorent l'humanité ; plus de ces humiliations de l'homme devant l'homme pour un peu d'or ou pour un *auguste* sourire ; plus de ces prostitutions et de ces apostasies politiques qui souillent l'époque actuelle ; plus de lèpres hideuses qui rongent le corps social !

Ah ! pour un si grand œuvre ce n'est pas le courage qui nous manque, mais la tâche est grande et nous ne pouvons pas tout faire.....

Aidez-nous donc un peu, messieurs les jurés, à dépouiller notre vieux linceuil !

Messieurs, le pouvoir ne se montre au peuple que tout hérissé de glaives prêts à percer la poitrine des citoyens. Eh bien! de même que dans l'ordre physique le fer appelle la foudre, de même aussi dans l'ordre moral c'est encore le fer dans la main du pouvoir qui appelle les révolutions !

C'est là une éternelle vérité, car elle repose sur une loi de l'organisation du monde. Faites-la respecter autant qu'il est en vous de le faire ; relevez l'humanité outragée dans sa nature, et croyez, messieurs, qu'il est plus digne, qu'il est plus conforme à la raison et plus religieux aussi de défendre la vérité que la majesté du trône !

(A peine le défenseur a-t-il terminé, que des applaudissemens prolongés éclatent dans toutes les parties de la salle.)

M. le président déclare que les débats sont clos et en fait un résumé clair et impartial à la suite duquel il donne à MM. les jurés une nouvelle lecture de l'article incriminé.

Les jurés après avoir reçu les deux questions posées , entrent dans la salle de leurs délibérations à trois heures et y restent jusqu'à trois heures et demie.

A leur retour, le plus grand silence règne dans l'audience, et le chef du jury la main sur le cœur répond aux deux questions : « *Non l'accusé n'est pas coupable.* » — Au moment même une explosion d'applaudissemens se fait entendre à deux reprises dans toutes les parties de la salle.

On nous dit que le verdict d'acquittement a été rendu à l'unanimité moins une voix.

Moulins, Imprimerie de P.-A. Desrosiers.

www.ingramcontent.com/pod-product-compliance
Lightning Source LLC
Chambersburg PA
CBHW050537210326
41520CB00012B/2618